Im Aufbau

6 der Aufbau s	the construction
Die Fabrik ist im Aufbau.	The factory is under construction.
die Gegend /en	the district
in einer ruhigen Gegend	in a quiet district
der Urlaub s	the holiday
Urlaub machen (in)	to spend one's holiday (in)
nichts als	nothing but
die Sonne /n	the sun
Wir suchten nichts als Luft und Sonne.	We sought nothing but fresh air and sunshine.
die Karte /n	the map
auswählen, wählte aus, hat ausgewählt	to choose
einsam	lonely
Wir wählten einen einsamen Platz aus.	We chose a lonely spot.
als	when
Als wir ankamen ...	When we arrived ...
anders (als) → so (wie)	different (from) → as ... (as)
... ganz anders, als wir dachten.	... quite different from what we thought.
der Wald es/ä-er	the wood(land)
der Ort (e)s/e	the place; *here:* the village
weder ... noch	neither ... nor
das Wasser s	the water
der Strom (e)s/ö-e	the electricity (electrical supply)
Es gab weder Wasser noch Strom.	There was neither water nor electricity.
nicht einmal	not even
Nichts war da, nicht einmal ein Haus.	There was nothing there, not even a house.
der Baum (e)s/äu-e	the tree
die Wiese /n	the meadow
ein paar	a few
das Feld (e)s/er	the field
gehören, gehörte, hat gehört	to belong

1-55621/1

das Gut es/ü-er	the estate
Wem gehörte das alles?	To whom did all that belong?
Das gehörte zu einem Gut.	That belonged to an estate.
nennen, nannte, hat genannt	to call (to name)
der Hof es/ö-e	the farm
die Einöde	the solitude
Sie nannten den Hof „Die Einöde".	They called the farm "Solitude".
der Bagger s/-	the excavator
in Betrieb sein	to be in operation
Seit wann ist die Fabrik in Betrieb?	How long has the factory been in operation?
die Entwicklung /en	the development
Wir sind noch immer in der Entwicklung.	We are still in the development stage.
bis	until
voll	complete(ly), full
... bis wir voll in Betrieb sind.	... until we are in full operation.

Stefan Andres
Im Anfang

8 das Feste	the land
Nichts war da, nicht das Wasser und nicht das Feste.	There was nothing there, neither water nor land.
leer → voll	empty → full
der Raum (e)s/äu-e	space
der leere Raum	empty space
erschaffen, erschuf, hat erschaffen	to create
Gott wollte die Welt erschaffen.	God wanted to create the world.
droben → drunten	above (up there) → below (down there)
das Wort (e)s/e	the word
Gott ließ das Wort in die Zeit.	God sent forth the word into time.
schaffen, schuf, hat geschaffen	to create
die Finsternis /sse	the darkness
Das Wort schuf das Licht und die Finsternis.	The word created light and darkness.
der Stern (e)s/e	the star

vorschreiben, schrieb vor, hat vorgeschrieben	to direct, to order
die Bahn /en	the course
Er schrieb ihnen ihre Bahn vor.	He directed their course.
blicken, blickte, hat geblickt	to glance, to look
Er blickte auf einen Stern.	He looked at a star.
die Erde	the earth
flammend	flaming
leuchten, leuchtete, hat geleuchtet	to shine
Die Sonne leuchtete über der Erde.	The sun shone over the earth.
wärmen, wärmte, hat gewärmt	to warm
Die Sonne wärmte die Erde.	The sun warmed the earth.
winzig → riesig	tiny → huge
der Mond (e)s/e	the moon
ziehen, zog, ist gezogen	to circle, to move
Der Mond sollte um die Erde ziehen.	The moon was to circle the earth.
die Geschichte /n	the story
Die biblische Geschichte	The Bible Story
der Text (e)s/e	the text
Zur Arbeit am Text	Work on the text
sogar	even

10
das Paradies es/e	paradise
die Wasserstoffbombe /n	the hydrogen bomb
in	in
im Aufbau	under construction
in einer Gegend	in a district
in Betrieb	in operation
in der Entwicklung	developing
in Arbeit	being worked on
in einem Jahr	in a year's time, within a year
im Anfang	in the beginning
In Gott war das Bild der Welt.	In God was the image of the world.
Gott hatte das Wort in sich.	In God was the word.
Er ließ das Wort in die Zeit und in den Raum.	He sent forth the word into time and space.

auf	on, in
auf der Straße	in the street
vor	ago
vor 5 Jahren	5 years ago
durch	through
Er führte uns durch das Haus.	He led us through the house.

Deutsche Landschaften

11

irgendwo → nirgends	somewhere → nowhere
Deutschland	Germany
die Landschaft /en	the landscape
die Mitte	the middle
zwischen	between
das Meer (e)s/e	the sea
die Alpen (Pl)	the Alps
zwischen dem Meer und den Alpen	between the sea and the Alps
wechseln, wechselte, hat gewechselt	to change
ständig	constant(ly)
der Reisende n/n	the traveller, the tourist
die Naturschönheit /en	the beauty of nature
die Insel /n	the island
die Nordsee	the North Sea
die Ostsee	the Baltic Sea
die Küste /n	the coast
an der Küste	on the coast
die Tiefebene /n	the Lowlands
in der Tiefebene	in the Lowlands
das Mittelgebirge s/-	the Uplands
das Hochgebirge s/-	the Highlands
im Mittel- und im Hochgebirge	in the Uplands and Highlands
durchziehen, durchzog, hat durchzogen	to flow through
das Land es/ä-er	the land, the country
tief → flach	deep → shallow
der Süden s	the South
der Norden s	the North
fließen, floß, ist geflossen	to flow
der Westen s	the West
der Osten s	the East

münden, mündete	to flow into
km (= Kilometer)	km (= kilometre)
der Frühling s	spring
die Blüte /n	the blossoming
Ende März	at the end of March
Die Apfelblüte beginnt Ende März.	The blossoming of the apple trees begins at the end of March.

Das neue Büro

12 der Büroraum (e)s/äu-e	the office
einige	a few
vor einigen Tagen	a few days ago
umziehen, zog um, ist umgezogen	to move
die Gelegenheit /en	the opportunity
Ich hatte (noch keine) Gelegenheit.	I had (haven't yet had) an opportunity.
besuchen, besuchte, hat besucht	to visit
einmal	once *(sometimes not translatable)*
Ich möchte es doch einmal sehen.	I'd just like to have a look at it.
sich lohnen, lohnte, hat gelohnt	to be worth (while)
fast	almost
Das lohnt sich fast nicht.	It's hardly worth it.
sachlich	impersonal
nüchtern	sober, plain
viel zu sachlich und nüchtern	much too impersonal and plain
der Eindruck	the impression
Eindruck machen	to make an impression
zu nüchtern, um Eindruck zu machen	too practical, to make an impression
besser als	better than
Gefällt es dir besser als das alte?	Do you like it better than the old one?
genau so ... wie	just as ... as
die Ruhe	the peace, the calm
Hier hab' ich mehr Ruhe.	It's more peaceful here.
die Einrichtung /en	the furnishings
Die Einrichtung könnte netter sein.	The furnishings could be nicer.
wirken, wirkte, hat gewirkt	to seem (to have an effect)

gemütlich	comfortable
Ein Büro wirkt nie gemütlich.	An office never seems comfortable.
besorgen, besorgte, hat besorgt	to get
welche (Pl): einer, eine, eins (Sg)	some
Bilder? Ich besorge dir welche!	Pictures? I'll get you some!
dazukommen	to find time to
Ich komme jetzt wirklich nicht dazu.	I really can't find time to just now.
der Druck (e)s/e	the print
kräftig	strong
die Farbe	the colour
Am liebsten wäre mir ein Druck in kräftigen Farben.	I would prefer a print in strong colours.
bunt	gaily coloured
das Plakat s/e	the poster
sicher	sure
Ich bin sicher, daß ...	I'm sure that ...
passen, paßte, hat gepaßt	to fit, to be suitable
etwas Passendes	something suitable

Peter Bichsel
Der alte Mann

14
erzählen, erzählte, hat erzählt	to tell (a story)
müd (= müde)	tired
das Gesicht s/er	the face
lächeln, lächelte, hat gelächelt	to smile
das Lächeln s	the smile
böse	angry
das Ende s/n	the end
Er wohnt am Ende der Straße.	He lives at the end of the street.
nahe	near
die Kreuzung /en	the road junction
nahe der Kreuzung	near the junction
beschreiben, beschrieb, hat beschrieben	to describe
unterscheiden, unterschied, hat unterschieden	to distinguish
Nichts unterscheidet ihn von anderen.	Nothing distinguishes him from others.

der Hut (e)s/ü-e	the hat
die Hose /n	the trousers
der Rock (e)s/ö-e	*here:* the jacket
dünn → dick	thin → fat
der Hals es/ä-e	the neck
die Haut /äu-e	the skin
trocken → naß	dry → wet
runzelig	wrinkled
der Hemdkragen s/-	the shirt collar
weit → eng	wide → narrow
Die Hemdkragen sind ihm viel zu weit.	His (shirt) collars are much too wide for him.
(der) obere / (der) oberste	the upper(top)
im obersten Stock des Hauses	on the top floor of the house
die Zeit /en	the time
zu einer Zeit, wo ...	at a time when ...
der Erwachsene n/n → der Jugendliche	the adult → the adolescent
das Fotoalbum s/ben	the photo album
die Großmutter /ü	the grandmother
der Stuhl (e)s/ü-e	the chair
der Teppich s/e	the carpet
das Bett (e)s/en	the bed
der Wecker s/-	the alarm clock
daneben	next to it
morgens	in the morning
der Spaziergang s/ä-e	the walk
nachmittags	in the afternoon
der Nachbar	the neighbour
abends	in the evening
(sich) ändern, änderte, hat geändert	to change
nie(mals) → immer	never → always
sonntags	on Sunday(s)

15
die Nähe	the vicinity
in der Nähe	in the vicinity
einrichten, richtete ein, hat eingerichtet	to furnish

16
lustig → traurig	cheerful → sad

Soziales Leben

17 die Fuggerei — the Fugger Foundation
sozial — social
die Stiftung /en — the foundation (charitable endowment)

das Jahr (e)s/e — the year
  eine Stiftung aus dem Jahre 1516 — a foundation in 1516
der Bürger s/- — the citizen
die Not /ö-e — need, hard times
  in Not geraten — to fall on hard times
verarmen, verarmte, ist verarmt — to grow poor
das Zuhause — the home
betragen, (beträgt), betrug, hat betragen — to amount to
die Jahresmiete /n — the year's rent
der Wert (e)s/e — the value
der Gulden s/- — the florin
nämlich — namely
die Gesetzgebung — the legislation
der Staat (e)s/en — the state
regeln, regelte, hat geregelt — to run (direct)
das Jahrhundert s/e — the century
  im 19. Jahrhundert — in the 19th century
die Grundlage /n — the foundation
  Die Grundlagen wurden gelegt. — The foundations were laid.
die Krankenversicherung /en — the health insurance
die Unfallversicherung /en — the accident insurance
die Invaliditätsversicherung /en — disablement insurance
die Altersversicherung /en — the old-age insurance
damals → heute — then → now
vorbildlich — exemplary
das Urlaubsgeld (e)s/er — the holiday pay
die Gewinnbeteiligung /en — the sharing of profits
die Mitbestimmung — the co-determination
das Thema s/ Themen — the theme
die Diskussion /en — the discussion
der Sozialpartner s/- — the social partner

Jürgen Becker
Erst als es soweit war ...

18

... es ist soweit	... it has reached a certain point
Als es soweit war ...	When it had reached a certain point ...
übersehen (übersieht), übersah, hat übersehen	to know, to take in at a glance
Es war noch nicht zu übersehen ...	It was not yet possible to see ...
Um was geht es, ging es, ist es gegangen?	What is (was) it about?
es ging weiter	it continued
Als es dann weiterging, ...	Then, as it continued ...
die Schwierigkeit /en	the difficulty
Es ging mit den ersten Schwierigkeiten los.	The first difficulties rose.
plötzlich	suddenly
stocken, stockte, hat gestockt	to come to a deadlock
probieren, probierte, hat probiert	to try
hin und her probieren	to try this and that
bis es plötzlich weiterging	until it suddenly continued
ziemlich	fairly
Es klappte ziemlich lange.	Things went well for quite a long time.
etwas dagegen haben	to object
Keiner hatte was dagegen.	Nobody objected (to it).
dazwischenkommen, kam dazwischen, ist dazwischengekommen	to happen
Als nichts dazwischenkam, ...	When nothing (unpleasant) happened ...
dran (= daran) denken	to think (about it)
Keiner dachte mehr dran.	Nobody thought any more about it.
die Kleinigkeit /en	the minor problem
vorkommen, kam vor, ist vorgekommen	to occur
Als ein paar Kleinigkeiten vorkamen, ...	When a few minor problems occurred ...
nun ja	ah well

achten (auf), achtete, hat geachtet	to pay attention (to)
schlimm	bad
Als es schlimmer wurde,...	When things got worse...
der Gedanke ns/en	the thought
Man machte sich Gedanken.	We worried.
es ging drunter und drüber	things were all topsy turvy
die Sorge /n	the care (the worry)
der Kopf (e)s/ö-e	the head
es ist aus (= zu Ende)	it's all over
eigentlich	in fact
Um was geht es eigentlich?	What is it about exactly?

19 längst — long since
Als es längst vorbei war... — When it was long since over...

Bertolt Brecht
Der Zweckdiener

der Zweck (e)s/e	the purpose
der Diener s/-	the servant
der Zweckdiener s/-	the man with a purpose in life
folgen, folgte, ist gefolgt	to follow
die folgenden Fragen	the following questions
die Musik	the music
Musik machen	to play music
der Grammophonkasten s/ä	the record player
turnen, turnte, hat geturnt	to do gymnastics
die Kraft /ä-e	the strength
benötigen, benötigte, hat benötigt	to need
Er benötigt Kraft.	He needs strength.
der Feind (e)s/e	the enemy
besiegen, besiegte, hat besiegt	to defeat
nachdem	after
Nachdem er dies gehört hatte,...	After he had heard this...
um ... zu	in order to
Er turnt, um kräftig zu sein.	He does gymnastics in order to be strong.
erschlagen (erschlägt), erschlug, hat erschlagen	to slay

Glück gehabt

20 Glück gehabt
hinterher → vorher
  Hinterher läßt sich leicht reden.

die Herrschaft über
  Wenn man die Herrschaft über
  den Wagen verliert, ...
die Angst /Ä-e
  Da kann man schon Angst
  kriegen.
dabeisein
  besonders wenn die ganze
  Familie dabei ist
hinunterfahren → hinauffahren
steil → flach
  Der Berg war ziemlich steil.
die Bremse /n
versagen, versagte, hat versagt
  Die Bremsen haben versagt.
schreien, schrie, hat geschrien
anhalten (hält an), hielt an,
  hat angehalten
  Halt doch an!
  Ich habe einen Wagen angehalten.
achtgeben (gib acht), gab acht,
  hat achtgegeben
treten (tritt), trat, ist getreten
  Tritt auf die Bremse!
anziehen, zog an, hat angezogen
die Handbremse /en
  Zieh die Handbremse an!
die Böschung /en
zum Stehen bringen
  Er brachte den Wagen zum
  Stehen.
(sich) beruhigen, beruhigte, hat
  beruhigt

we were lucky
afterwards → before
  It's easy to talk about it
  afterwards.

the control over
  When you lose control over the
  car ...

the fear
  Then you can be frightened.

to be present
  especially when the whole family
  is with you
to drive down → to drive up
steep → flat
  The hill was rather steep.
the brake
to fail
  The brakes failed.
to cry out
to stop

  Do stop!
  I stopped a car.

to be careful

to step
  Put your foot on the brake!
to pull (on)
the handbrake
  Pull the handbrake!
the bank
to bring to a halt
  He brought the car to a halt.

to calm (o. s.)

aussteigen, stieg aus, ist ausgestiegen	to get out
vorsichtig → unvorsichtig	careful → careless
herauskommen, kam heraus, ist herausgekommen	to get out
Wie sind Sie wieder herausgekommen?	How did you get out again?
die Straßenwacht	the highway patrol, the A. A.
heraushelfen (hilft aus), half heraus, hat herausgeholfen	to help out
Die Straßenwacht hat uns herausgeholfen.	The A. A. helped us out.

21 weggehen, ging weg, ist weggegangen — to depart
auffordern, forderte auf, hat aufgefordert — to ask
die Geduld — the patience
   Er soll Geduld haben. — He is to be patient.

Hans Bender
Auf dem Rummelplatz

22 der Rummelplatz — the fairground
Los! — Come on! Let's go!
der Rennwagen s/- — the racing car (the bumper car)
zuhaben (= geschlossen haben) — to be closed
das Pappschild s/er — the sign (made of cardboard)
malen, malte, hat gemalt — to paint
der Zahlteller s/- — the tray
die Kassiererin /innen — the cashier (female)
erwidern, erwiderte, hat erwidert — to reply
der Bengel s/(s) — the rascal
überhaupt — at all
   Seien Sie froh, daß überhaupt jemand fährt! — Be glad that there's anybody driving at all.
das Mistwetter s — horrible weather
der Streit es — the argument
   Wenn ihr Streit anfangen wollt, ... — If you want to start an argument ...

die Polizei	the police
Ich lasse die Polizei rufen.	I'll call the police.
vernünftig → unvernünftig	sensible → foolish
großartig	fine
das Lenkrad (e)s/ä-er	the steering wheel
drehen, drehte, hat gedreht	to turn
die Geschwindigkeit /en	the speed
das Pedal s/e	the pedal
steigern, steigerte, hat gesteigert	to increase
überholen, überholte, hat überholt	to overtake
die Kurve	the corner
schneiden (schneidet), schnitt, hat geschnitten	to cut
Er schnitt die Kurven.	He cut corners.
herüberrufen, rief herüber, hat herübergerufen	to call over
vorbeifahren (fährt vorbei), fuhr vorbei, ist vorbeigefahren	to drive past
der Lautsprecher	the loudspeaker
überschreien, überschrie, hat überschrien	to drown
richtig	exactly
Ich war gerade richtig im Zug / in Fahrt / in Schwung.	I was just exactly on course / on course / in full swing.
einholen, holte ein, hat eingeholt	to catch up
Ich hatte ihn fast eingeholt.	I had almost caught him up.
das Trittbrett (e)s/er	the running-board
springen, sprang, ist gesprungen	to jump
die Gangschaltung /en	the speed switch
ergreifen, ergriff, hat ergriffen	to seize
stoppen, stoppte, hat gestoppt	to stop
Er stoppte den Wagen.	He stopped the car.
die Tour /en	the go
Die Tour ist um.	Your go is over.
sich schwingen, schwang, hat geschwungen	to leap
gleichfalls	also
Mann, machen die kurze Touren!	Boy, don't they give short goes!

24 das Gas es/e
   das Gas wegnehmen →
   Gas geben
   Kurven ausfahren →
   Kurven schneiden

the gas
   to cut off the gas →
   to step on the gas
   to round the curves →
   to cut the curves

Moderne Wohnsiedlung

25 modern → unmodern
die Wohnsiedlung /en
der Hafen s/ä
traditionsreich
der Marktplatz es/ä-e
duften, duftete, hat geduftet
die „Bremer Stadtmusikanten"
die Zeit /en
   in jüngster Zeit
reden, redete, hat geredet
   Es machte von sich reden.
die Wohnstadt /ä-e
das Vorbild s/er
der Wohnungsbau s
das Inland s
das Ausland s
die Großstadt /ä-e
die Zerstörung /en
der Zweite Weltkrieg es
furchtbar
die Wohnungsnot
herrschen, herrschte, hat geherrscht
   Es herrschte Wohnungsnot.
entstehen, entstand, ist entstanden
eigen
   eine neue Stadt mit eigenen
   Schulen
die Kirche /n
die Verkehrsverbindung /en
der Arbeitsplatz es/ä-e
die „Berliner Freiheit"

modern → old-fashioned
the housing estate
the port
full of tradition
the market place
to have a fragrant smell
(one of Grimm's fairy tales)
the time
   recently
to talk
   It caused a stir.
the residential town
the model
the housing-construction
home, native country
abroad
the large town
the destruction
the Second World War
terrible
the housing shortage
to rule; *here:* to exist
   There was a housing shortage.
to come into existence
own
   a new town with its own schools

the church
the communications
the place of work
the "Freedom of Berlin"
   (name of a square)

das Zentrum s/Zentren	the centre
die Anlage /n	the housing estate
das Zentrum der gesamten Anlage	the centre of the whole housing estate
der Straßenname ns/n	the name of the street
erinnern, erinnerte, hat erinnert	to remind
das Opfer s/-	the victim
der Nationalsozialismus	National Socialism
Die Straßennamen erinnern an Opfer des Nationalsozialismus.	The names of the streets remind one of the victims of National Socialism.
die Geschwister (Pl)	the brother(s) and sister(s)
Geschwister Scholl	Hans and Sophie Scholl
die Zukunft	the future
sterben (stirbt), starb, ist gestorben	to die

Die Alte Residenz

5

26 die Residenz /en	the residence
die Besichtigungsfahrt /en	the sight-seeing tour
der Bau (e)s Bauten	the building
vollenden, vollendete, hat vollendet	to complete
von ... an	from ... onwards
der Teil s/e	the part, section
der Westteil s	the western section
bewohnen, bewohnte, hat bewohnt	to occupy
Von 1610 an war der Westteil bewohnt.	From 1610 onwards the western section was occupied.
nach und nach	gradually
königlich	royal
der Hof es/ö-e	the court
unterbringen, brachte unter, hat untergebracht	to accommodate
Der ganze königliche Hof wurde hier untergebracht.	The whole of the royal court was accommodated here.
der König s/e	the king
der König selbst	the king himself

einziehen, zog ein, ist eingezogen	to move in
fertigstellen, stellte fertig, hat fertiggestellt	to finish
das Schloß / Schlosses / Schlösser	the castle
die Form	the form
erhalten sein	to be kept
Ist das Schloß in seiner alten Form erhalten?	Is the castle kept in its old form?
der Krieg (e)s/e	the war
wiederaufbauen, baute wieder auf, hat wiederaufgebaut	to rebuild
restaurieren, restaurierte, hat restauriert	to restore
Das heißt also,...	So that means ...
zerstören, zerstörte, hat zerstört	to destroy
beschädigen, beschädigte, hat beschädigt	to damage
verschonen, verschonte, hat verschont [schont	to spare
verschont bleiben	to be spared
die Mauer /n	the wall
rechtzeitig	in time
auslagern, lagerte aus, hat ausgelagert	to remove
retten, rettete, hat gerettet	to save
der Wiederaufbau s	the rebuilding
der Plan (e)s/ä-e	the plan
sich halten an (hält sich), hielt sich, hat sich gehalten	to keep to
Hat man sich an die alten Pläne gehalten?	Did they keep to the old plans?
die Fassade /n	the front
wiederherstellen, stellte wieder her, hat wiederhergestellt	to rebuild
Die Fassade ist genauso wiederhergestellt worden, wie sie war.	The front has been rebuilt exactly as it was.
der Innenraum s/äu-e	the interior room
zum Teil	partly
gestalten, gestaltete, hat gestaltet	to design
Die Innenräume wurden neu gestaltet.	The interior rooms were newly designed.

dienen, diente, hat gedient	to serve
das Gebäude s/-	the building
Wozu dient das Gebäude heute?	What does the building serve as [today?
das Museum s/Museen	the museum
das Konzert (e)s/e	the concert
veranstalten, veranstaltete, hat veranstaltet	to hold
das Theater s/-	the theatre
aufführen, führte auf, hat aufgeführt	to perform
In den Räumen werden Theaterstücke aufgeführt.	Plays are performed in the rooms.
bauen, baute, hat gebaut	to build
27 planen, plante, hat geplant	to plan
abreißen, riß ab, hat abgerissen	to tear down
unbeschädigt → beschädigt	undamaged → damaged
unzerstört → zerstört	intact → destroyed

Anna Seghers
Zwei Denkmäler

28 das Denkmal s/ä-er	the monument
die Heimat	the home (-town)
die Freude /n	the joy
das Schiff (e)s/e	the ship
fern → nah	distant → near
der Dom (e)s/e	the cathedral
das Schulkind (e)s/er	the schoolchild
das Erstaunen s	the surprise
Wie ich zu meinem Erstaunen sah, ...	As I saw to my surprise ...
der Pfeiler s/-	the pillar
hineingehen, ging hinein, ist hineingegangen	to go into
Pfeiler, die tief in die Erde hineingehen ...	pillars which go deep into the earth ...
vorkommen, kam vor, ist vorgekommen	to seem
Damals kam es mir vor ...	At that time it seemed to me ...

beinahe	almost
hochragen, ragte hoch	to tower high
so tief wie der Dom hochragt	as deep as the cathedral is high
der Riß / Risses / Risse	the crack
auszementieren, zementierte aus, hat auszementiert	to cement over
vergehen, verging, ist vergangen	to pass
in vergangener Zeit	in the past
das Grundwasser s	the ground water
das Unheil s	the disaster
Unheil stiften	to wreck disaster
romanisch	Romanesque
gotisch	Gothic
haltbar	solid, lasting
Er erzählte, sie seien haltbarer.	He said, they were more solid.
die Rheinebene	the Rhein Plain
die Macht	might, power
die Größe	glory
der Dom in all seiner Macht und Größe	the cathedral in all its might and glory.
das Gedächtnis ses	the memory
Er wäre mir im Gedächtnis geblieben, ...	It would have remained in my memory ...
zum Gedächtnis einer Frau	in memory of a woman
wenn auch	even if
wiedersehen (sieht wieder), sah wieder, hat wiedergesehen	to see again
..., wenn ich ihn auch nie wiedergesehen hätte.	... even if I had never seen it again.
die Heimatstadt /ä-e	the home town
ebensowenig	just as little
Ein anderes Denkmal meiner Heimatstadt kann ich ebensowenig vergessen.	Just as little can I forget another monument in my home town.
bestehen aus, bestand, hat bestanden	to be made of, to consist of
einzig	a single
flach	flat
der Stein (e)s/e	the stone
Es bestand nur aus einem einzigen flachen Stein.	It was only a single flat stone.

das Pflaster s	the pavement
setzen, setzte, hat gesetzt	to place
in das Pflaster einer Straße gesetzt	placed in the pavement of a street
einfügen, fügte ein, hat eingefügt	to add
der Bombensplitter s/-	the bomb splinter
umkommen, kam um, ist umgekommen	to die
staunen, staunte, hat gestaunt	to be amazed
Ich staunte darüber.	I was amazed at it.

29 mächtig — mighty
hoch — tall

Baustile

31 der Baustil s/e — the architectural style
die Generation /en — the generation
uralt — ancient
der Riese n/n — the giant
besonders — especially
der Kunsthistoriker s/- — the art historian
baugeschichtlich — historical (of architecture)
das Studium s/Studien — the study
das Bauwerk s/e — the building
deutlich — clearly
erkennbar — recognizable
der Rundbogen s/- — the round arch
charakteristisch — characteristic
die Gotik — the Gothic style
der Spitzbogen s/- — the pointed arch
das Obergeschoß sses/sse — the upper storey
der Turm s/ü-e — the tower
die Spitze /n — the spire
das Spätbarock — the later Baroque style
die Romanik — the Romanesque style
der (das) Barock s — the Baroque style
gleichzeitig — at the same time
bedeutend → unbedeutend — important → unimportant
die Vergangenheit — the past

vereinen, vereinte, hat vereint	to combine
Die bedeutendsten Baustile sind in diesem Dom vereint.	The most important architectural styles are combined in this cathedral.

6 Sorgen mit der Garderobe

32 die Sorge /n — the care; *here:* the problem
die Garderobe /n — the wardrobe
C & A (= Name eines großen Kaufhauses) — C & A (name of a large store)
in Betracht kommen — to come into question
Das kommt nicht in Betracht. — That's out of the question.
Ich habe nichts mehr anzuziehen. — I have nothing more to wear.
voll → leer — full → empty
Der Schrank ist voll mit Sachen. — The wardrobe is full of things.
sämtlich — all (the whole of)
meine sämtlichen Kleider — all my clothes
trist — dull

33 die Anzeige /n — the advertisement
Das mußte ja so kommen. — That had to come.
völlig — completely
altmodisch — old-fashioned
Der Mantel hat einen völlig altmodischen Kragen. — The coat has a completely old-fashioned collar.
die Mode /n — the fashion
Die Sachen sind aus der Mode. — The things are out of fashion.
rumlaufen (läuft rum), lief rum, ist rumgelaufen (= herumlaufen) — to go around
schließlich — after all
Ich bin schließlich noch jung. — After all I'm still young.
egal — the same
Dir ist es wohl ganz egal, wie ich aussehe! — It's all the same to you what I look like!
das Gegenteil /s — the opposite, contrary
im Gegenteil — on the contrary
die Logik — logic
Ich verstehe deine Logik nicht. — I don't understand your logic.
behalten (behält), behielt, hat behalten — to keep

Die Berufswahl

34	
die Berufswahl	the choice of career
nachdenken, dachte nach, hat nachgedacht	to ponder
Ich denke darüber nach.	I ponder over it.
der Sohn (e)s/ö-e	the son
studieren, studierte, hat studiert	to study; *here:* to go to university/college
es schaffen, schaffte, hat geschafft	to succeed
Er hat's nicht geschafft.	He didn't manage it.
weggehen, ging weg, ist weggegangen	to leave
(sich) entscheiden, entschied, hat entschieden	to decide
Es ist höchste Zeit, daß du dich für einen Beruf entscheidest.	It's high time that you decided on a career.
das Radio s/s	the radio
Radio hören	to listen to the radio
der Fußball s/ä-e	the football
stenografieren, stenografierte, hat stenografiert	to take shorthand
rechnen, rechnete, hat gerechnet	to add up
die Liste /n	the list
die Dauer	the duration
auf die Dauer	in the long run
die Beschäftigung /en	the occupation
(sich) überlegen, überlegte, hat überlegt	to think over
Hast du dir denn überlegt, ...?	Have you thought over ...?
selbständig	independent
ein Beruf, in dem ich selbständig planen kann	a profession in which I can make my own plans
leisten, leistete, hat geleistet	to accomplish
ein Beruf, in dem ich etwas leisten kann	a profession in which I can accomplish something
technisch	technical
der Zeichner s/-	the draughtsman
Technischer Zeichner	the tracer
Würde dir das liegen?	Would that suit you?

zeichnen, zeichnete, hat gezeichnet	to draw
die Büroarbeit /en	the office work
raten (rät), riet, hat geraten	to advise
Ich weiß nicht, was ich dir raten soll.	I don't know what I should advise you to do.
versuchen, versuchte, hat versucht	to try
der Reporter s/-	the reporter
reisen, reiste, ist gereist	to travel
tätig sein	to be active, to work
Ich kann selbständig tätig sein.	I can work on my own.

35 versprechen, (verspricht), versprach, hat versprochen — to promise

Versprich mir's. — Promise me.

Heinrich Böll
Der Bergarbeiter

36
der Bergarbeiter	the miner
scheinen, schien, hat geschienen	to shine
Die Sonne würde scheinen, wenn ...	The sun would shine if ...
sonnig	sunny
schweben, schwebte, hat geschwebt	to hang
matt → glänzend	dull → shining
das Gold (e)s	gold
mattes Gold	dull gold
die Dunstglocke	the haze
selten	unusual
der Farbton s/ö-e	the shade (of colour)
herausfiltern, filterte heraus, hat herausgefiltert	to filter out
silbrig	silvery
silbriges Schwarz	silvery black
der Ersatz es	the substitute
bilden, bildete, hat gebildet	to form
Ersatz bilden	to form a substitute
die Wolke /n	the cloud
die Rauchfahne /n	the smoke trail
die Kokerei /en	the coke works

die Küche /n	the kitchen
die Küchentür /en	the kitchen door
das Bier (e)s/e	the beer
lustlos	listless(ly)
beobachten, beobachtete, hat beobachtet	to watch
hinten → vorn	at the back → at the front
hinten im Garten	at the back in the garden
heben, hob, hat gehoben	to lift up
er hebt den Kopf	he lifts up his head
zublicken, blickte zu, hat zugeblickt	to look at
dreijährig	three year old
die Dreijährige n/n	the three-year-old
zweimal	twice
der Eimer s/-	the bucket
ein Eimer voll Wasser	a bucket full of water
der Lappen s/-	the rag
an jmd. vorbeigehen, ging vorbei, ist vorbeigegangen	to go past s. o.
sich vorbeidrücken, drückte sich vorbei, hat sich vorbeigedrückt	to squeeze past
Sie drückt sich an ihm vorbei.	She squeezes past him.
frisch	fresh
frisches Wasser	fresh water
wozu?	why? what for?
waschen, wusch, hat gewaschen	to wash
das Blatt (e)s/ä-er	the leaf
die Kartoffel /n	the potato
schmutzig → sauber	dirty → clean
Blätter braucht man nicht zu waschen.	Leaves don't need to be washed.
kopfschüttelnd	shaking his head
nachblicken, blickte nach, hat nachgeblickt	to follow (with one's eyes)
Er blickte seiner Tochter nach.	His gaze followed his daughter.
einzeln	individual
abwischen, wischte ab, hat abgewischt	to wipe (off)
Sie wischt die einzelnen Blätter ab.	She wipes each single leaf.

(sich) färben, färbte, hat gefärbt	to colour
Das Wasser färbt sich dunkel.	The water turns a dark colour.
es ist warm	it is warm
gähnen, gähnte, hat gegähnt	to yawn

37 die Zigarre /n — the cigar
die Pfeife /n — the pipe
die Illustrierte /n — the magazine
der Roman s/e — the novel

38 der Wein (e)s/e — the wine

Stellenangebote

39 das Stellenangebot s/e — the situation vacant
männlich → weiblich — male → female, *here:* for men

der Facharbeiter s/- — the skilled worker
das Prüffeld (e)s/er — the testing bay
die Versuchswerkstatt /ä-en — the experimental department
das Werkzeug s/e — the tool
die Außenmontage — the outside installation
die Anerkennung — the appreciation
die Zufriedenheit — the satisfaction
der Elektriker s/- — the electrician
der Schlosser s/- — the mechanic
erfahren — experienced
die Umgangsformen (Pl) — the manners
  mit guten Umgangsformen — with good manners
einstellen, stellte ein, hat eingestellt — to employ
die Bewerbung — the application
die Zeugnisabschrift /en — the copy of a reference
der Lebenslauf s/äu-e — the curriculum vitae
das Lichtbild es/er — the photograph
der Höchstverdienst (e)s — the top rate pay
der Hilfsarbeiter s/- — the unskilled worker
weiblich — female, *here:* for women
die Süßwaren — the sweets
das Institut s/e — the institute

die Buchhalterin /innen	the book-keeper (female)
baldmöglichst	as soon as possible
das Hausmädchen s/-	the maid
die Freizeit	the leisure time

Eine Verlustmeldung 8

40 die Verlustmeldung /en — the report of a loss
endlich — finally
das Ziel (e)s/e — the destination
  Endlich war ich am Ziel. — I was finally at my destination.

die Bahnfahrt /en — the train journey
fehlen, fehlte, hat gefehlt — to be missing
  Meine Koffer fehlten. — My cases were missing.
aufgeben (gibt auf), gab auf, hat aufgegeben — to register
das Reisegepäck s — the luggage
  Ich habe die Koffer als Reisegepäck aufgegeben. — I registered my cases as luggage.
der Freund es/e — the friend
sich täuschen, täuschte, hat getäuscht — to be wrong
am Tag darauf — on the following day
der Beamte n/n = der Bahnbeamte — the official = the railway official
sich handeln um, handelte, hat gehandelt — to concern
  Worum handelt es sich? — What does it concern?
der Hergang s — the details, the circumstances
  Können Sie den Hergang beschreiben? — Could you describe the details?
der Alpenexpreß — the Alp Express
vorher → nachher — before → afterwards
  am Tag vorher — on the day before
versichern, versicherte, hat versichert — to insure
  Haben Sie das Gepäck versichert? — Did you insure the luggage?
der Annahmeschein s/e — the ticket

die Nachforschungen (Pl)	the inquiries
anstellen, stellte an, hat angestellt	to start
Wir werden Nachforschungen anstellen.	We will start inquiries.
vorbeikommen, kam vorbei, ist vorbeigekommen	to call in
hoffen, hoffte, hat gehofft	to hope
Bescheid geben (sagen)	to inform
Ich hoffe, Ihnen Bescheid geben zu können.	I hope to be able to tell you something.

41 besuchen, besuchte, hat besucht — to visit
zusehen (sieht zu), sah zu, hat zugesehen — to watch
mithelfen (hilft mit), half mit, hat mitgeholfen — to assist (in)
vorlesen (liest vor), las vor, hat vorgelesen — to read aloud
annehmen (nimmt an), nahm an, hat angenommen — to accept
abschreiben, schrieb ab, hat abgeschrieben — to write out, to copy
melden, meldete, hat gemeldet — to report
vorzeigen, zeigte vor, hat vorgezeigt — to produce
wiederbekommen, bekam wieder, hat wiederbekommen — to get back
der Fahrplan s/ä-e — the timetable

Ingeborg Bachmann
Die Heimkehr

42 die Heimkehr — the homecoming
mit Herzklopfen — with a heart beating
nachts — at night
der Strom (e)s/ö-e — the stream; *here:* the crowd
umsichtig — prudent
der Fremde n/n — the foreigner
 Ströme von Fremden — crowds of foreigners
das Hotelzimmer s/- — the hotel room

an sich reißen, riß an sich, hat an sich gerissen	to snap up
schlafen (schläft), schlief, hat geschlafen	to sleep
das Flugzeug s/e	the (aero) plane
das Entzücken s	the delight
der Atem s	the breath
Er hielt vor Entzücken den Atem an.	He held his breath in delight.
diesmal	this time
der Träger s/-	the porter
Diesmal hatte er einen Träger genommen.	This time he had a porter.
die Reiselektüre	something to read on the journey
umsteigen, stieg um, ist umgestiegen	to change (trains)
ausgehen	to run out
Das Geld ging ihm nicht aus.	His money did not run out.
der Mensch en/en	the man
die Distinktion	the distinction
ein Mensch von Distinktion	a man of distinction
jm. etw. ansehen (sieht an), sah an, hat angesehen	to tell from s. o.'s face
Keiner sah ihm sein Vorhaben an.	Nobody could tell what his plans were.
das Wanderleben s	the roving life
beenden, beendete, hat beendet	to end
umkehren, kehrte um, ist umgekehrt	to return
die Steuer /n	the tax
das Lehrgeld (e)s/er	the training fees
das Studiengeld (e)s/er	the study fees
einiges	something
Lehrgeld, Studiengeld und sonst noch einiges.	Training fees, study fees and several other things.
heim	home
Er fuhr nach Wien — er fuhr heim.	He went to Vienna — he went home.
an sich halten	to hold back
Mit dem Wort „heim" hielt er an sich.	He did not use the word "home".

trotzdem	in spite of that
entzückt	delighted

43 zurückkehren, kehrte zurück, ist zurückgekehrt — to return
das Paket s/e — the parcel

44 genügend — enough

Die deutsche Sprache in Mitteleuropa

45 der Blick (e)s/e — the view
Mitteleuropa — Central Europe
die Muttersprache /n — the mother tongue
die Staatsgrenze /n — the state border
sprachlich — linguistic
das Hindernis sses/sse — the barrier
  das sprachliche Hindernis — the language barrier
unbekannt → bekannt — unknown → known
der Schüler s/- — the pupil
der Student en/en — the student
vor allem — above all
die Wissenschaft /en — science

9 Helga Novak
Eis

46 das Eis es — the ice cream
die Grünanlage /n — the public gardens
die Hand /ä-e — the hand
schmelzen (schmilzt), schmolz, ist geschmolzen — to melt
rutschen, rutschte, ist gerutscht — to slide
der Stiel (e)s/e — the stick
lutschen, lutschte, hat gelutscht — to suck
heftig — violent(ly)
stehenbleiben, blieb stehen, ist stehengeblieben — to stop going
die Bank /ä-e — the bench
  Er bleibt bei einer Bank stehen. — He stops by a bench.

aufsehen (sieht auf), sah auf, hat aufgesehen	to look up
Er sieht von seiner Zeitung auf.	He looks up from his paper.
der Sand (e)s	the sand
gar nichts	nothing at all
runterfallen (fällt runter), fiel runter, ist runtergefallen (=herunterfallen)	to fall down
Mir ist eben das Eis runtergefallen.	I've just dropped my ice cream.
der Trottel s/-	the idiot
leidtun, tat leid, hat leidgetan	to feel sorry for
Ich tue Ihnen leid.	You feel sorry for me.
trösten, tröstete, hat getröstet	to comfort
halten für (hält), hielt, hat gehalten	to consider, to think
der Habenichts es/e	the pauper
Sie halten mich für einen Habenichts.	You think I am a pauper.
zusammenfalten, faltete zusammen, hat zusammengefaltet → auseinanderfalten	to fold up → to unfold
sich aufregen, regte auf, hat aufgeregt	to work o. s. up
meinetwegen	as far as I am concerned
soviel ... wie	as many ... as
Meinetwegen können Sie soviel Eis essen, wie Sie wollen.	As far as I'm concerned you can eat as many ices as you want.
auseinanderfalten, faltete auseinander, hat auseinandergefaltet	to unfold
festnageln, nagelte fest, hat festgenagelt	to pin down
Mich nageln Sie nicht fest!	You can't pin me down!
dazu	to it
Was sagen Sie dazu?	What do you say to that?
verachten, verachtete, hat verachtet	to despise
Sie verachten mich, bloß weil ich mache, was ich will.	You despise me simply because I do what I want.
der Duckmäuser s/-	the hypocrite
Lassen Sie mich in Ruhe!	Leave me in peace!
oft → selten	often → seldom

47 hauen (=verhauen), haute, hat gehauen — to spank
Ihre Mutter hätte Sie öfter hauen sollen. — Your mother should have spanked you more often.
aufstehen, stand auf, ist aufgestanden — to stand up

Günter Grass
Kinderlied

das Kinderlied s/er — the nursery rhyme
sich auslachen, lachte aus, hat ausgelacht — to laugh o.'s fill
Hier hat sich's ausgelacht. — There's no laughing here any more.
der Verdacht s — the suspicion
der Grund es/ü-e — the reason
Er lacht aus Gründen. — He laughs for certain reasons.
weinen, weinte, hat geweint — to cry
schweigen, schwieg, hat geschwiegen — to be silent
anzeigen, zeigte an, hat angezeigt — to denounce
verschweigen, verschwieg, hat verschwiegen — to conceal
gründlich — completely
verspielen, verspielte, hat verspielt — to lose (in a game of cards etc.)
verbrennen, verbrannte, hat verbrannt — to burn (away)
abwerben, (wirbt ab), warb ab, hat abgeworben — to entice away
unverdorben → verdorben — uncorrupted → corrupted
versterben = sterben — to die

10 Kühl und unbeständig

48 kühl — cool
unbeständig → beständig — unsettled → settled
die Wetterlage /n — the weather conditions
das Tief s/s (= Tiefdruckgebiet s/e) → das Hoch — the low pressure area → the high pressure area

sich verlagern, verlagerte, hat verlagert	to move
Das Tief verlagert sich nach Osten.	The belt of low pressure is moving eastwards.
beeinflussen, beeinflußte, hat beeinflußt	to affect
Das Tief beeinflußt das Wetter.	The belt of low pressure is affecting the weather.
einfließen, floß ein, ist eingeflossen	to flow in
die Kaltluft	the cold air
zur Ruhe kommen	to settle
Die eingeflossene Kaltluft kommt zur Ruhe.	The cold air flowing in is settling.
übergreifen, griff über, hat übergegriffen	to spread to
Das Hoch greift auf Süddeutschland über.	The belt of high pressure is spreading to Southern Germany.
die Vorhersage /n	the forecast
zunächst → später	at first → later
bewölkt	cloudy
bedeckt	overcast
Zunächst bewölkt bis bedeckt.	At first cloudy and overcast.
vereinzelt	isolated; *here:* scattered
Im Norden vereinzelt Regen.	In the North scattered showers.
meist	most(ly)
sich aufheitern, heiterte auf, hat aufgeheitert	to clear up
wesentlich → unwesentlich	essential → unessential
meist aufgeheitert und im wesentlichen trocken	mainly fair and dry
auffrischen, frischte auf, hat aufgefrischt	to freshen up
der Wind (e)s/e	the wind
wechseln, wechselte, hat gewechselt	to change
die Richtung /en	the direction
bei auffrischenden Winden aus wechselnden Richtungen	with fresh winds from varying directions
die Temperatur /en	the temperature
der Grad (e)s/e	the degree
die Aussicht /en	the outlook
weitere Aussichten	further outlook

das Wochenende s/n	the weekend
anstrengen, strengte an, hat angestrengt	to exert
Ich finde das Wetter hier anstrengend.	I find the weather exhausting.
der Übergang s/ä-e	the change
die schnellen Übergänge	the rapid changes
leugnen, leugnete, hat geleugnet	to deny
wechselhaft → beständig	changeable → settled
sich gewöhnen an, gewöhnte, hat gewöhnt	to get used to
Man kann sich daran gewöhnen.	One can get used to it.
mag sein = es mag sein	maybe
auffallen (fällt auf), fiel auf, ist aufgefallen	to strike
Mir ist aufgefallen, daß ...	It struck me that ...
gleichbleiben, blieb gleich, ist gleichgeblieben	to remain constant
gleichbleibende Temperaturen	constant temperatures
häufig → selten	frequent → seldom
der Wechsel s	the change
belasten, belastete, hat belastet	to strain
die Gesundheit	the health
Wirkt der häufige Wechsel nicht belastend auf die Gesundheit?	Isn't the frequent change (of temperature) a strain on one's health?
bemerken, bemerkte, hat bemerkt	to notice
zunehmen (nimmt zu), nahm zu, hat zugenommen	to increase
mit zunehmendem Alter	with increasing age
spüren, spürte, hat gespürt	to notice, to feel
Was kann man dagegen tun?	What can you do about it?
beleben, belebte, hat belebt	to revive
Kaffee wirkt belebend.	Coffee has a reviving effect.

49 naß → trocken — wet → dry
warm → kalt, kühl — warm → cold, cool
heiß → kalt — hot → cold
angenehm → unangenehm — pleasant → unpleasant
 Wir hatten eine angenehme Reise. — We had a pleasant journey.

überraschen, überraschte, hat überrascht	to surprise
erfrischen, erfrischte, hat erfrischt	to refresh

Marie Luise Kaschnitz
Im Wartezimmer

50 das Wartezimmer s/-	the waiting-room
die Stimmung /en	the atmosphere
aufgeräumt	cheerful
vergnügt	merry
sich ausdenken, dachte sich aus, hat sich ausgedacht	to think up
das Spiel (e)s/e	the game
die Anweisung /en	the instruction
Er begann, seine Anweisungen zu geben.	He began to give his instructions.
das Eßzimmer s/-	the dining-room
herbeischaffen, schaffte herbei, hat herbeigeschafft	to fetch
... Stühle, die aus dem Eßzimmer herbeigeschafft wurden.	... chairs which were fetched from the dining-room.
sich erinnern, erinnerte, hat erinnert	to remember
das Klavier s/e	the piano
Sollte nicht ein Klavier dabei sein?	Shouldn't we have a piano?
spielen, spielte, hat gespielt	to play
(auf dem) Klavier spielen	to play (on) the piano
das Mal (e)s/e	the time
mit einem Mal	suddenly
abbrechen (bricht ab), brach ab, hat abgebrochen	to stop
Das Spiel bricht mit einem Mal ab.	The game suddenly stops.
verrückt	crazy
sich aufstellen, stellte auf, hat aufgestellt	to get into position
die Stuhlreihe /n	the row of chairs
herumziehen, zog herum, ist herumgezogen	to go round

Ich begann um die Stuhlreihe herumzuziehen.	I began to walk round the chairs.
trommeln, trommelte, hat getrommelt	to drum
der Finger s/-	the finger
der Gong (e)s/s	the gong
Er trommelte mit den Fingern auf einem Gong.	He drummed with his fingers on a gong.
wahrscheinlich	probably
die Eßzimmereinrichtung /en	the dining-room furnishings
berückend	fascinating
beängstigend	frightening
der Rhythmus/Rhythmen	the rhythm
sich bewegen, bewegte, hat bewegt	to move
vorwärts → rückwärts	forwards → backwards
Wir bewegten uns vorwärts.	We moved forwards.
kichern, kicherte, hat gekichert	to giggle
flüstern, flüsterte, hat geflüstert	to whisper
trippeln, trippelte, ist getrippelt	to trip
scharren, scharrte, hat gescharrt	to scrape one's feet
die Erwartung /en	the anticipation
... in der Erwartung, daß das Trommeln ein Ende nähme.	... hoping that the drumming would stop.
sich stürzen, stürzte, hat gestürzt	to dive
Wir stürzten uns auf die Stühle.	We made a dive to the chairs.
lustig	merrily
angstvoll	anxiously
lebensentscheidend	vital
die Bedeutung /en	the importance
... als sei es von lebensentscheidender Bedeutung.	... as if it were a matter of life and death.
wieso	why
Wieso eigentlich nicht?	Why not in fact?
umfallen (fällt um), fiel um, ist umgefallen	to fall down, collapse
die Länge /n	the length
der Fußboden s/ö	the floor
Er lag der Länge lang auf dem Fußboden.	He lay full length on the floor.
tot → lebend	dead → alive

Das Wetter in Deutschland

53 die Wettervorhersage /n — the weather forecast
vordringen, drang vor, ist vorgedrungen — to advance
der Atlantik s — the Atlantic
zeitweise — at times
der Schauer s/- — the shower
die Tageshöchsttemperatur /en → Tiefsttemperatur — the highest temperature of the day → lowest temperature
um 14 Grad — around 14 degrees
anfangs — at first
mäßig — moderate
  mäßige Winde — moderate winds
die Bewölkung — the cloudiness
voraussichtlich — prospective, probable
das Küstengebiet s/e — the coastal area
die Aufheiterung /en — the bright period
zeitweilige Regenfälle — rain at times
der Temperaturrückgang — the fall in temperature
wolkig — cloudy
vorübergehend — temporary
überwiegen, überwog, hat überwogen — to prevail
überwiegend freundlich — mainly fair
Im Norden Schauer, sonst freundlich. — Showers in the north, otherwise fair.
das Klima s — the climate
gemäßigt — moderate; *here:* temperate
klimatisch — climatic
die Schwankung /en — the fluctuation
der Durchschnitt s — the average
  im Durchschnitt — on an average
  durchschnittlich — on an average
der Gegensatz es/ä-e — the contrast
geographisch — geographical
die Breite /n (geographisch) — the latitude
vor allem — above all
abhängen von, hing ab, hat abgehangen — to depend on

die Höhenlage /n	the altitude
Die Temperaturen hängen von der Höhenlage ab.	The temperatures depend on the altitude.
der Meeresspiegel s	the sea level
messen (mißt), maß, hat gemessen	to measure
der Schnee s	the snow
das Flachland s	the plain
die Jahreszeit /en	the season
die Regel /n	the rule

11 Treffpunkt Café

54

der Treffpunkt s/e	the (place of the) rendezvous
zusammenarbeiten, arbeitete zusammen, hat zusammengearbeitet	to work with
zuverlässig → unzuverlässig	reliable → unreliable
rechnen, rechnete, hat gerechnet	to reckon
Bis wann rechnen Sie, daß Sie zurück sein werden?	When do you think you will be back?
die Sitzung /en	the meeting
Ich bin in einer Sitzung.	I have a meeting.
recht	all right
Wenn es Ihnen recht ist, ...	If it is all right with you ...
erledigen, erledigte, hat erledigt	to see to
Ich könnte noch einiges erledigen.	I could see to a few things.
die Geduld	the patience
Sie müßten nur Geduld haben.	You must just be patient.
notfalls	if need be
Sie müssen notfalls auf mich warten.	You must wait for me if need be.
das Geschäft s/e	the shop
die Besorgung /en	the purchase
Da kann ich noch Besorgungen machen.	I can do some shopping there.
vorschlagen (schlägt vor), schlug vor, hat vorgeschlagen	to suggest
ab sieben Uhr	from seven o'clock onwards

55 nervös — nervous
enttäuscht — disappointed
unzufrieden → zufrieden — discontented → content(ed)
unglücklich → glücklich — unhappy → happy
der Meister s/- — the master (e.g. master baker, shoemaker, etc.)
der Professor s/en — the professor
davon — from it
  das kommt davon — that is the result of it
  das hast du davon — that is what you get from it

Max von der Grün
Die Entscheidung

56 die Entscheidung /en — the decision
der Schweißer s/- — the welder
blinzeln, blinzelte, hat geblinzelt — to blink
  Er blinzelte in die Sonne. — He blinked in the sun.
stechen (sticht), stach, hat gestochen — to sting; *here:* to burn
  unter der stechenden Sonne — in the burning sun
nun — now
  Trinken sie nun Bier oder Coca? — Are they drinking beer or coke?
die Stellung /en — the post
  eine gute Stellung, eine Lebensstellung — a good post, a permanent post
anreden, redete an, hat angeredet — to address
  Er wird mit Herr angeredet. — He is addressed as Sir.
sich freuen auf, freute sich, hat sich gefreut — to look forward to
die Beförderung /en — the promotion
zornig — angry
der Narr en/en — the fool
schimpfen, schimpfte, hat geschimpft — to scold
  Sie wird mich einen Narren schimpfen. — She will call me a fool.
der Drückeberger s/- — the shirker
Mumm haben — to have courage
der Knochen s/- — the bone
  Er hat keinen Mumm in den Knochen. — He has no backbone.

der Mund es/ü-er	the mouth
aufreißen, riß auf, hat aufgerissen	to open
nötig	necessary
... der den Mund aufreißt, wo es nicht nötig ist.	... one who opens his mouth when it is not necessary.
der Entschluß sses/üsse	the decision
Angst haben	to be afraid
saublöd	awfully stupid
das Fach (e)s/ä-er	the line (of business)
Du kennst doch dein Fach.	You know your business after all.
vormachen, machte vor, hat vorgemacht	to show (how to do s. th.), to put s. th. over on s. o.
Dir kann keiner was vormachen.	Nobody can put anything over on you.
der Halbidiot en/en	the half-wit
die Stelle /n	the place
Soll ein Halbidiot an deine Stelle treten?	Is a half-wit to take your place?
stolz	proud
Sie ist stolz auf mich.	She is proud of me.
jedermann	everyone
tüchtig	efficient
die Übersicht	the foresight
die Umsicht	the caution
Ich habe Übersicht und Umsicht.	I have foresight and caution.
enorm	enormous(ly)
gescheit	clever, intelligent
Er ist enorm gescheit.	He is enormously clever.
die Betriebsfeier /n	the works party
erschreckt	shocked

57 erfahren (erfährt), erfuhr, hat erfahren — to hear, to learn
verzeihen, verzieh, hat verziehen — to forgive

58 die Anstellung /en — the employment
anstellen, stellte an, hat angestellt — to employ
Er bekommt die Anstellung (= er wird angestellt). — He gets the job (= he is employed).

Arbeiter in Deutschland

59 die Kupferhütte /n — the copper works
der Arbeiter s/- — the worker
der Metallarbeiter s/- — the metal worker
der Bergmann s/ Bergleute — the miner
unter Tage — underground
zählen (zu), zählte, hat gezählt — to number, to rank (among)
bestbezahlt — best paid
  Sie zählen zu den bestbezahlten Arbeitern. — They rank among the best paid workers.
die Arbeitszeit /en — the working hours
der Hochofen s/Hochöfen — the blast furnace
die Erdoberfläche — the earth's surface
  1000 m unter der Erdoberfläche — 1000 metres under the earth
hart — hard
die Gewerkschaft /en — the trade union
fordern, forderte, hat gefordert — to demand
nahezu — almost
der Arbeitnehmer s/- — the employee, the worker
der „Deutsche Gewerkschaftsbund" (= DGB) — the German Trade Union Federation (DGB)
organisieren, organisierte, hat organisiert — to organise
  Sie sind im DGB organisiert. — They are organized in the DGB.
die Einzelgewerkschaft /en — the single trade union
die IG (= Industriegewerkschaft) — the IG (industrial trade union)
annähernd — approximately
das Mitglied s/er — the member
umfassen, umfaßte, hat umfaßt — to comprise; *here:* to have

Helmut Heißenbüttel
Spielregeln auf höchster Ebene

60 die Spielregel /n — the rule (of a game)
die Ebene /n — the plane, level
  auf höchster Ebene — at the highest level
didaktisch — didactic

das Gedicht (e)s/e	the poem
die Überlegung /en	the consideration
Überlegungen anstellen	to consider
die Feststellung /en	the finding, the conclusion
treffen (trifft), traf, hat getroffen	to hit, to meet; *here:* to arrive at
Feststellungen treffen	to arrive at conclusions
fassen, faßte, hat gefaßt	to take hold of
Entschlüsse fassen	to come to decisions
die Abmachung /en	the agreement
Abmachungen treffen	to make agreements
die Verpflichtung /en	the obligation
eingehen, ging ein, ist eingegangen	to enter
Verpflichtungen eingehen	to undertake obligations
das Risiko s/Risiken	the risk
Risiken eingehen	to run risks
aufwerfen (wirft auf), warf auf, hat aufgeworfen	to raise
Fragen aufwerfen	to raise questions
das Problem s/e	the problem
anpacken, packte an, hat angepackt	to grasp
Probleme anpacken	to tackle problems
suchen, suchte, hat gesucht	to seek
Antworten suchen	to seek answers
die Lösung /en	the solution
Lösungen suchen	to seek solutions
der Widerspruch (e)s/ü-e	the contradiction
auflösen, löste auf, hat aufgelöst	to dissolve
Widersprüche auflösen	to smooth out contradictions
der Rückschlag (e)s/ä-e	the setback
begegnen, begegnete, ist begegnet	to meet
Rückschlägen begegnen	to meet setbacks
der Fehlschlag (e)s/ä-e	the disappointment
in Kauf nehmen	to put up with
also	so
einlösen, löste ein, hat eingelöst	to discharge
Verpflichtungen einlösen	to meet obligations
Fragen stellen	to ask questions

61 Überlegungen in den Wind schlagen — to throw considerations to the wind

Feststellungen in den Wind schlagen	to ignore facts
vermeiden, vermied, hat vermieden	to avoid
Entschlüsse vermeiden	to avoid decisions
umgehen, umging, hat umgangen	to avoid
Risiken umgehen	to avoid risks
unwissend → wissend	ignorant → knowing
sich unwissend stellen	to act dumb
bagatellisieren, bagatellisierte, hat bagatellisiert	to make light of
ablehnen, lehnte ab, hat abgelehnt	to refuse
Antworten ablehnen	to refuse answers
ignorieren, ignorierte, hat ignoriert	to ignore
unmöglich → möglich	impossible → possible
Rückschläge für unmöglich halten	to consider setbacks impossible
ziehen, zog, hat gezogen	to draw
in Betracht ziehen	to take into consideration
Schindluder treiben	to play fast and loose
mit Feststellungen Schindluder treiben	to play fast and loose with facts
verschieben, verschob, hat verschoben	to put off
Entschlüsse verschieben	to put off decisions
sich kümmern (um), kümmerte sich, hat sich gekümmert	to bother (about)
der Weg (e)s/e	the way
Problemen aus dem Weg gehen	to steer clear of problems
übergehen, überging, hat übergangen	to pass over
mit Stillschweigen übergehen	to pass over without a word

Die Untersuchung

62
die Untersuchung	the examination
in letzter Zeit	lately
gelegentlich	occasionally
die Herzbeschwerden (Plural)	the heart trouble
Er hatte mit Herzbeschwerden zu tun.	He had heart trouble.

bedrängen, bedrängte, hat bedrängt	to urge
auf sich beruhen lassen	to leave s. th. as it is
schließlich	in the end
die Klinik /en	the hospital
Schließlich ging er doch in die Klinik.	But in the end he went to the hospital.
die Rede /n	the speech
Er mußte Rede und Antwort stehen.	He had to give an account.
das Ergebnis ses/se	the result
die Andeutung /en	the hint
Hat er gar keine Andeutungen gemacht?	Didn't he give any hints?
in Ordnung sein	to be in order
Er meint, das Herz sei in Ordnung.	He says my heart is all right.
der Blutdruck s	the blood pressure
normal	normal
die Beschwerde /n	the pain, the ailment
der Nerv s/en	the nerve
überarbeitet	overworked
der Raucher s/-	the smoker
zugeben (gibt zu), gab zu, hat zugegeben	to admit
scheinen, schien, hat geschienen	to seem
..., wie mir scheint	... as it seems to me.
eher	rather
..., 40 Stück würden eher stimmen.	... 40 would be nearer the truth.

63 Das kommt nicht in Frage. — That is out of the question.

Der Aufenthalt
Wolfgang Hildesheimer

64
der Aufenthalt	the stay, the stop
die Auskunftstafel /n	the information board
nunmehr	now

ausfindig machen, machte ausfindig, hat ausfindig gemacht	to look for, to find out
einen Zug ausfindig machen	to look for a train
verkehren, verkehrte, hat verkehrt	to run (of trains, etc.)
kreuzen, kreuzte, hat gekreuzt	to cross
der Hammer s/ä	the hammer
die gekreuzten Hämmer	the crossed hammers
die Abfahrtszeit /en	the time of departure
hinweisen, wies hin, hat hingewiesen	to show
Sie wiesen darauf hin, daß ...	They showed that ...
wochentags	on weekdays
immerhin	at any rate
das Gefühl s/e	the feeling
die Unruhe → die Ruhe	uneasiness → calm
mit einem Gefühl der Unruhe	with a feeling of uneasiness
die Verabredung /en	the arrangement
hinfällig	invalid
Alle Verabredungen waren hinfällig geworden.	All his arrangements had fallen through.
leichten Herzens	with a light heart
gedenken, gedachte, hat gedacht	to intend
sich hineinsteigern, steigerte sich hinein, hat sich hineingesteigert	to work o. s. up
Er gedachte, sich in den Urlaubszustand hineinzusteigern.	He intended to work himself up into a holiday mood.
künstlich	artificial(ly)
fortsetzen, setzte fort, hat fortgesetzt	to continue
die Erklärung /en	the explanation
falls	in case
die Gesellschaft /en	the party
stattfinden, fand statt, hat stattgefunden	to take place
zur rechten Zeit	on time, in good time
Er würde noch zur rechten Zeit kommen.	He would still get there on time.
versäumen, versäumte, hat versäumt	to miss
Dies durfte er nicht versäumen.	He could not miss this.

die Schankstube /n	the pub bar
die Wirtin /innen	the landlady
das Mittagessen s/-	the lunch
der Enzian s	the gentian (a liqueur)
hungrig	hungry
Ich bin so hungrig, daß ...	I am so hungry that ...
das Pferd (e)s/e	the horse
verschlingen, verschlang, hat verschlungen	to devour
innerhalb → außerhalb	inside → outside
die Grenze /n	the limit
bieten, bot, hat geboten	to offer
er wolle sich innerhalb der Grenzen des Gebotenen halten	he wanted to keep inside the limits of what was on (the menu)
das Schnitzel s/-	the veal cutlet

65 sich zurückversetzen, versetzte zurück, hat zurückversetzt — to put o. s. back, to go back
durstig — thirsty
unruhig → ruhig — uneasy → calm

Kernforschung in Deutschland

67 der Atomreaktor s/en — the atomic reactor
die Kernforschung — the nuclear research
der Wissenschaftler s/- — the scientist
friedlich — peaceful
die Nutzung — use
die Atomenergie — atomic energy
entscheidend — decisive
der Anstoß es/ö-e — the impetus
der Beginn s — the beginning
das Atomzeitalter s — the atomic age
der Chemiker s/- — the chemist (analytical)
die Entdeckung /en — the discovery
die Kernspaltung — the nuclear fission
das Uran s/e — uranium
der Nobelpreis es/e — the Nobel Prize
der Empfang s — the reception
  in Empfang nehmen — to receive

bereits	already
die Atombombe /n	the atom bomb
überzeugt	convinced
der Pazifist en/en	the pacifist
politisch	political
militärisch	military
die Konsequenz /en	the consequence
zutiefst	deeply
bedauern, bedauerte, hat bedauert	to regret
Er hat die Konsequenzen seiner Entdeckung zutiefst bedauert.	He deeply regretted the consequences of his discovery.
der Tod (e)s	the death
menschlich	human
der Geist es/er	the spirit
sich durchsetzen, setzte durch, hat durchgesetzt	to prevail

Umleitungen 14

68
die Umleitung /en	the diversion, the detour
damals	then (at that time)
sich auskennen, kannte sich aus, hat sich ausgekannt	to know one's way around
Er kennt sich gar nicht mehr aus.	He hardly knows his way around any more.
der Passant en/en	the passer-by
die Auskunft /ü-e	the information
einen Passanten um Auskunft bitten	to ask a passer-by for information
der Moment s/e	the moment
Moment mal!	Just a moment!
etwa zehn Minuten	about ten minutes
vorne → hinten	ahead → behind
sperren, sperrte, hat gesperrt	to block
Da vorne ist gesperrt.	(The road) ahead is blocked.
hinkommen, kam hin, ist hingekommen	to get there
die Hauptstraße /n	the main street
die Straßenbahn /en	the tram

nachfahren (fährt nach), fuhr nach, ist nachgefahren	to follow (in a car etc.)
Sie brauchen nur der Straßenbahn nachzufahren.	You need only to follow the tram.
einbiegen, bog ein, ist eingebogen	to turn
Dort dürfen Sie nicht links einbiegen.	You can't turn left there.
Sie sollten sich rechts halten.	You should keep right.
der Kreisverkehr s	the roundabout
abbiegen, bog ab, ist abgebogen	to turn
die Ausfahrt /en	the exit
beibehalten (behält bei), behielt bei, hat beibehalten	to keep (to)
stoßen (stößt), stieß, ist gestoßen	to come across
Später stoßen Sie direkt auf die Kaiserstraße.	Later on you will come directly on to the Kaiser Street.

69
durchfahren (fährt durch), fuhr durch, ist durchgefahren	to drive through
Ich will hier durchfahren.	I want to drive through here.
er war sich nicht klar	he was not sure

Heinz Piontek
Am Tag danach

70
am Tag danach	on the next day
draußen → drinnen	outside → inside
nieseln, nieselte, hat genieselt	to drizzle
fein	fine
der Nebel s	the mist
vermischen, vermischte, hat vermischt	to mix
Regen, vermischt mit feinem Nebel	rain mixed with fine mist
die Leuchtschrift /en	the illuminated letters
die Front /en	the front (of a building)
das Licht (e)s/er	the light
der Hof es/ö-e	*here:* halo
breite Höfe von Licht	large haloes of light
der Scheinwerfer s/-	the headlight
glimmen, glomm, hat geglommen	to glimmer

widerspiegeln, spiegelte wider, hat widergespiegelt	to reflect
der Asphalt s	the asphalt
die Nässe	the wet
flüssig	liquid
der Lack (e)s/e	the varnish
einziehen, zog ein, hat eingezogen	to draw in
witternd	smelling (adv.)
die Luft /ü-e	the air
Er zog die Luft ein.	He took a deep breath.
unsicher → sicher	unsteady → steady
der Kapitän s (= Opel)	the Kapitän (name of an Opel car)
steuern, steuerte, hat gesteuert	to steer; *here:* to drive
ertappen, ertappte, hat ertappt	to catch s. o. doing s. th.
taxieren, taxierte, hat taxiert	to appraise
sich zusammennehmen (nimmt zusammen), nahm zusammen, hat zusammengenommen	to pull o. s. together
anspannen, spannte an, hat angespannt	to strain, stretch
die Aufmerksamkeit	the attention
Er spannte seine Aufmerksamkeit an.	He made an effort to concentrate.
entgehen, entging, ist entgangen	to escape
Nichts durfte ihm entgehen.	He must not miss anything.
die Haltestelle /n	the tram stop
an der Haltestelle	at the tram stop
hinausfahren (fährt hinaus), fuhr hinaus, ist hinausgefahren	to go out (on)
mit der Drei hinausfahren	to go out on the no. 3
der Umweg (e)s/e	the roundabout way
die Brücke /n	the bridge
die Linie /n	the line
da (= weil)	since, as
benutzen, benutzte, hat benutzt	to use
heranrauschen, rauschte heran, ist herangerauscht	to roar up (of trams etc.)
schwanken, schwankte, hat geschwankt	to sway; *here:* to flicker
mitten unter Menschen	in the midst of people

hingleiten, glitt hin, ist hingeglitten	to glide over
Ihre Blicke glitten über ihn hin.	Their glances glided over him.
die Erregung /en	excitement
verbergen (verbirgt), verbarg, hat verborgen	to hide
seine Erregung verbergen	to hide his excitement
die Handfläche /n	the palm
schwitzen, schwitzte, hat geschwitzt	to perspire
die Kopfhaut	the scalp
jucken, juckte, hat gejuckt	to itch
sich durchdrängen, drängte durch, hat durchgedrängt	to push o.'s way
der Ausgang s/ä-e	the exit
zum Ausgang des Wagens	to the door of the carriage
mustern, musterte, hat gemustert	to scrutinize
der Zusteigende n/n	the person getting on
abspringen, sprang ab, ist abgesprungen	to jump off
zurücklegen, legte zurück, hat zurückgelegt	to cover (a distance)
Er legte das letzte Stück zu Fuß zurück.	He covered the last bit on foot.

Das Bundesverfassungsgericht in Karlsruhe

73 das Bundesverfassungsgericht s	the Federal Constitutional Court
der Knotenpunkt (e)s/e	the junction
der Verkehr s	the traffic
der Sitz es/e	the seat
der Schloßplatz es	the palace square
das Gebäude s/-	the building
die Bundesrepublik	the Federal Republic
der Sitzungssaal (e)s/-säle	the conference room
das Beratungszimmer s/-	the consultation room
der Richter s/-	the judge
enthalten (enthält), enthielt, hat enthalten	to contain
der Band (e)s/ä-e	the volume
das Verfassungsrecht (e)s	the constitutional law

die Rechtsprechung	the jurisdiction
die Verwaltung /en	the administration
getrennt	separate
unabhängig → abhängig	independent → dependent
unabhängig voneinander	independent of each other
die Funktion /en	the function
ausüben, übte aus, hat ausgeübt	to carry out
Funktionen ausüben	to carry out functions
das Gesetz es/e	the law
unterwerfen (unterwirft), unterwarf, hat unterworfen	to subject
Die Richter sind nur dem Gesetz unterworfen.	The judges are subject only to the law.
der Wille ns	the will
gegen ihren Willen	against their will
versetzen, versetzte, hat versetzt	to transfer
abberufen, berief ab, hat abberufen	to remove from office
Sie werden nicht versetzt oder abberufen.	They cannot be transferred or removed from office.
nützen, nützte, hat genützt	to be of use

Bertolt Brecht
Wenn die Haifische Menschen wären

15

74
der Haifisch es/e	the shark
der Fisch es/e	the fish
gewaltig	huge
der Kasten s/ä	the box
allerhand	all kinds (of)
die Nahrung	the food
allerhand Nahrung	all kinds of food
sowohl ... als auch	not only ... but also
die Pflanze /n	the plant
sowohl Pflanzen als auch Tierzeug	not only plants but also animal matter
sanitär	hygienic
die Maßnahme /n	the measure
Maßnahmen treffen	to take measures

das Fischlein s	the little fish
das Beispiel (e)s/e	the example
zum Beispiel	for example
die Flosse /n	the fin
sogleich	at once
der Verband (e)s/ä-e	the dressing
wegsterben (stirbt weg), starb weg, ist weggestorben	to die off
..., damit es ihnen nicht wegstürbe vor der Zeit.	... so that it would not die off prematurely.
trübsinnig	sad
ab und zu	now and then
Ab und zu gäbe es große Wasserfeste.	Now and then there would be large water festivals.
schmecken, schmeckte, hat geschmeckt	to taste
der Rachen s/-	the jaw
die Geographie	geography
faul → fleißig	lazy → industrious
irgendwo	somewhere
die Hauptsache	the most important thing
moralisch → unmoralisch	moral → immoral
die Ausbildung	the training, the instruction
unterrichten, unterrichtete, hat unterrichtet	to teach
freudig	glad(ly)
aufopfernd, opferte auf, hat aufgeopfert	to sacrifice
glauben (an), glaubte, hat geglaubt	to believe (in)
beibringen, brachte bei, hat beigebracht	to impress upon
Man würde den Fischlein beibringen, daß ...	They would impress upon the little fish that ...
sichern, sicherte, hat gesichert	to secure
Diese Zukunft sei nur gesichert, wenn ...	This future would only be assured if ...
der Gehorsam s	the obedience
sich hüten, hütete, hat gehütet	to be on o.'s guard (against)
niedrig → hoch	base → elevated

materialistisch	materialistic
egoistisch	egoistic
marxistisch	Marxian
die Neigung /en	the inclination
melden, meldete, hat gemeldet	to report
Sie müßten es sofort den Haifischen melden.	They had to report it to the sharks immediately.
verraten (verrät), verriet, hat verraten	to betray; *here:* to show signs of
untereinander	among each other
führen, führte, hat geführt	to lead
Krieg führen	to wage war
erobern, eroberte, hat erobert	to conquer
eigen	own
von ihren eigenen Fischlein	by their own fish
lehren, lehrte, hat gelehrt	to teach
Sie würden sie lehren, daß ...	They would teach them that ...
riesig → winzig	huge → tiny
der Unterschied (e)s/e	the difference
Zwischen ihnen besteht ein riesiger Unterschied.	There is a huge difference between them.
verkünden, verkündete, hat verkündet	to proclaim
bekanntlich	as everyone knows
stumm	dumb
verschieden → gleich	different — same
einander	each other
Sie können einander unmöglich verstehen.	They find it impossible to understand each other.
daher	therefore
feindlich	hostile
töten, tötete, hat getötet	to kill
der Orden	the medal
der Seetang s	the seaweed
anheften, heftete an, hat angeheftet	to pin on
Sie würden ihm einen Orden anheften.	They would pin a medal on him.
der Titel s/-	the title
der Held en/en	the hero

verleihen, verlieh, hat verliehen	to confer
Sie würden ihm den Titel Held verleihen.	They would confer the title of hero on him.
die Kunst /ü-e	the art
der Zahn (e)s/ä-e	the tooth

75
prächtig	magnificent
in prächtigen Farben	in magnificent colours
rein	sheer
der Lustgarten s/ä	the pleasure garden
Ihre Rachen wären reine Lustgärten.	Their jaws would be sheer pleasure gardens.
sich tummeln, tummelte, hat getummelt	to romp about
Es läßt sich darin prächtig tummeln.	You could have a marvellous frolic in there.
darstellen, stellte dar, hat dargestellt	to portray
auf Bildern etwas darstellen	to portray something in pictures
der Meeresgrund (e)s	the sea-bed
heldenmütig	heroic
begeistert	enthusiastic(ally)
der Klang (e)s/ä-e	the strain (of music)
die Kapelle /n	the band
voran	at the head
... unter den Klängen der Musik, die Kapelle voran ...	... to the strains of the music, with the band at the head ...
träumerisch	dreamily
einlullen, lullte ein, hat eingelullt	to lull
aller-	best-, most
in allerangenehmste Gedanken eingelullt	lulled by the pleasantest thoughts
strömen, strömte, ist geströmt	to stream
die Religion /en	the religion
der Bauch (e)s/äu-e	the stomach
übrigens	moreover, by the way
aufhören, hörte auf, hat aufgehört	to cease

gleich → verschieden	equal — different
Alle Fischlein sind gleich.	All fish are equal.
das Amt (e)s/Ä-er	the office
ein Amt bekommen	to be given an office
auffressen (frißt auf), fraß auf, hat aufgefressen	to eat up
selber (= selbst)	themselves
der Brocken s/-	the morsel
Sie bekämen größere Brocken zu fressen.	They would get bigger morsels to eat.
der Posten s/-	the post (position)
der Offizier s/e	the officer
der Kastenbau	box-building
Ingenieur im Kastenbau	engineer in box-building
usw. (= und so weiter)	etc.
die Kultur /en	the civilisation
der Einzelgänger s/-	the loner
gefährlich → ungefährlich	dangerous → safe

Stromausfall 16

76
der Stromausfall s/ä-e	the power failure
ausfallen (fällt aus), fiel aus, ist ausgefallen	to fail (of power)
die Werkhalle /n	the factory hall
rufen, rief, hat gerufen	to shout
..., so hörte man rufen.	... people could be heard shouting.
die Maschine /n	the machine
still → laut	quiet → loud
Es wurde still.	It became quiet.
atmen, atmete, hat geatmet	to breathe
der Werkmeister s/-	the foreman
die Sicherung /en	the fuse
überprüfen, überprüfte, hat überprüft	to check
das Werk (e)s/e	the works
das E-Werk (= Elektrizitätswerk)	the Electricity Board
feststellen	to find out

Haben Sie feststellen lassen, ob ...?	Have you made sure that ...?
selbst	self
im Werk selbst	in the factory itself
der Kurzschluß sses/üsse	the short circuit
die Anlage /n	*here:* the electrical system
die Anlagen im Werk	the electrical system in the factory
die Panne /n	the breakdown
beheben, behob, hat behoben	to repair
Wir werden die Panne auf schnellstem Wege beheben.	We will repair the breakdown as quickly as possible.
der Hinweis es/e	the hint, the clue
Können Sie uns einen Hinweis geben?	Can you give us a clue (as to what might have caused it)?
das Erdkabel s/-	the underground cable
denkbar	conceivable
Das wäre denkbar.	That could be (it).
die Baustelle /n	the building site
der Störungswagen s/-	the repair truck
Ich sehe den Störungswagen [kommen.	I see the repair truck coming.
die Vermutung /en	the supposition, the guess
Unsere Vermutung stimmt.	We guess right.
der Störtrupp s/s	the repair gang
die Stelle /n	the spot, the place
Er ist schon zur Stelle.	It (the repair gang) is already on the spot.

Peter Handke
Das Fahrrad

78
das Fahrrad (e)s/ä-er	the bicycle
Es ist ein paar Tage her.	It was a few days ago.
der Sportplatz es/ä-e	the playing field
herankommen, kam heran, ist herangekommen	to approach
der Ball (e)s/ä-e	the ball
vor sich herschieben, schob vor sich her, hat vor sich hergeschoben	to push in front of o. s.
..., wie sie den Ball vor sich herschieben.	... them kicking the ball ahead of themselves.

aufhören, hörte auf, hat aufgehört	to stop
durcheinander	in confusion
durcheinander reden	to talk at the same time
verschleppen, verschleppte, hat verschleppt	to slur (of words)
je	the (with comparatives)
... je langsamer sie herankommen.	... the more slowly they approach.
weitersagen, sagte weiter, hat weitergesagt	to repeat to others
ohne Unterlaß	incessantly
Ob es etwa mir gehöre?	Whether it perhaps belongs to me?
herhaben (hat her), hatte her, hat hergehabt	to come by
Wo soll ich ein Rad herhaben?	Where should I come by a bike?
schaffen, schaffte, hat geschafft	to do
Ich habe dort nichts zu schaffen.	I have no business there.
mitnichten	not at all
strafen, strafte, hat gestraft	to censure, to reprove
die Lüge /n	the lie
Mein Gesicht strafe meine Worte Lügen, höre ich einen sagen.	I hear someone say my face refutes my words.
die Ortschaft /en	the place; *here:* the village
schieben, schob, hat geschoben	to push

Nürnberg

81 mittelalterlich	medieval
das Gepräge s	the character
bewahren, bewahrte, hat bewahrt	to retain
industriell	industrial
der Schritt (e)s/e	the step
mit der Entwicklung Schritt halten	to keep pace with the development
das Elektro-Gerät (e)s/e	the electrical appliance
der Bleistift (e)s/e	the pencil
das Spielzeug (e)s/e	the toy
zuletzt	finally
nicht zuletzt	not least
berühmt	famous

der Lebkuchen s/-	the gingerbread
nicht zuletzt die berühmten Nürnberger Lebkuchen	not least the famous Nuremberg gingerbread
die Reichsstadt /ä-e	the imperial city
Es nahm ständig an Bedeutung zu.	It was constantly increasing in importance.
kulturell	cultural
die Blütezeit /en	the heyday
der Erfinder s/-	the inventor
der Entdecker s/-	the discoverer
der Künstler s/-	the artist
international	international
der Rang (e)s/ä-e	the rank, the class
von internationalem Rang	of international class
beherbergen, beherbergte, hat beherbergt	to accomodate
traurig → froh	sad → happy
die Erinnerung /en	the memory
das 3. Reich	the Third Reich
die Nachkriegszeit /en	the post-war years
der Prozeß sses/sse	the trial

17 Die verlorene Brille

82

die Brille /n	the glasses
verstört	worried, bewildered
Frau Bauer war ganz verstört.	Mrs. Bauer was quite worried.
nirgendwo	nowhere
nähen, nähte, hat genäht	to sew
irgendein(e)	any
exakt	exact; *here:* close
verrichten, verrichtete, hat verrichtet	to do
Ohne Brille kann sie keine exakte Arbeit verrichten.	She cannot do any close work without her glasses.
obwohl	although
Ich komme einfach nicht drauf, obwohl ich die ganze Zeit überlege.	I just don't know (where they can be) although I have thought about it all the time.

vermissen, vermißte, hat vermißt	to miss
Wann hast du sie denn vermißt?	When did you miss them?
der Kaufhof s	the Kaufhof (name of a large store)
der Bäcker s/-	the baker
der Buchladen s/ä	the bookshop
nebendran	next door
beim Bäcker und im Buchladen nebendran	at the baker's and in the bookshop next door
nirgends	nowhere
die Buchhandlung /en	the bookshop
Es dürfte am ehesten in der Buchhandlung gewesen sein.	It was most likely in the bookshop.
Eben nicht!	Oh, but it wasn't at all!
liegenbleiben, blieb liegen, ist liegengeblieben	to be left
niemand → jemand	nobody → somebody
gebrauchen, gebrauchte, hat gebraucht	to use
die Sicherheit	the certainty
mit Sicherheit (nicht)	certainly (not)
ach wo!	oh no!
nachsehen (sieh nach), sah nach, hat nachgesehen	to check
Wir sehen in der Wohnung nach.	We'll check in the flat.

83 klopfen, klopfte, hat geklopft — to knock
nachfragen, fragte nach, hat nachgefragt — to inquire

Martin Walser
Der Besucher

84 der Besucher s/- — the visitor
hereinkullern, kullerte herein, ist hereingekullert — to tumble in
lebendig — lively
rasch — quick(ly)
unvermutet — unexpected(ly)
 Sie bewegen sich rasch und unvermutet. — They move quickly and unexpectedly.

ungeübt	untrained
der Zuschauer s/-	the onlooker
der Augenblick (e)s/e	the moment
im ersten Augenblick	at first
abwarten, wartete ab, hat abgewartet	to wait
zählbar	countable
die Schar /en	the flock, the bunch
leise → laut	soft(ly) → loud(ly)
offensichtlich	obvious(ly)
beweisen, bewies, hat bewiesen	to prove
Um ihm zu beweisen, daß ...	to prove to him that ...
unterkriegen, kriegte unter, hat untergekriegt	to get the better of
sich unterkriegen lassen	to be got the better of
befehlen (befiehlt), befahl, hat befohlen	to order
sich hinausscheren, scherte sich hinaus, hat sich hinausgeschert	to clear out
Ich befahl den Kindern sich hinauszuscheren.	I ordered the children to clear out.
der Befehl (e)s/e	the order, the command
hinaustragen (trägt hinaus), trug hinaus, hat hinausgetragen	to carry out
treiben, trieb, hat getrieben	to drive
vor sich hertreiben	to drive before one
der Einbruch (e)s/ü-e	the invasion
der Einbruch der Kinder	the children's invasion
gegenübersitzen, saß gegenüber, hat gegenübergesessen	to sit opposite
energisch	energetic(ally)
durchgreifen, griff durch, hat durchgegriffen	to use a strong hand
die Energie /n	the energy
verbrauchen, verbrauchte, hat verbraucht	to use up
Wieviel Energie man da doch verbraucht!	What energy you must use up doing that!
das Mißverständnis ses/se	the misunderstanding

als daß	for (*after too plus adj.*)
... zu leise, als daß er es hätte hören können.	... too softly for him to have been able to hear it.
die Art	the way, the manner
eine sichere Art	a definite way
Ihm ist an einer Antwort nicht gelegen.	He does not want an answer.
vielmehr	rather
weitersprechen (spricht weiter), sprach weiter, hat weitergesprochen	to go on speaking

85 offenbar — obvious(ly)
arg — bad
So arg war es gar nicht. — It wasn't so bad.
aussprechen (spricht aus), sprach aus, hat ausgesprochen — to finish (speaking)

Nobelpreisträger

87 der Nobelpreisträger s/- — the Nobel Prizewinner
die Medizin — the medicine
entdecken, entdeckte, hat entdeckt — to discover
der Milzbranderreger s/- — the anthrax bacillus
das Tuberkulosebakterium s/ien — the tubercle bacillus
der Choleraerreger s/- — the cholera bacillus
erforschen, erforschte, hat erforscht — to research, to study
die Bekämpfung — the fight (against)
die Krankheit /en — the disease
die Relativitätstheorie — the theory of relativity
die Physik — physics
erhalten (erhält), erhielt, hat erhalten — to receive, to be awarded
der Nationalsozialist en/en — the National Socialist
ausbürgern, bürgerte aus, hat ausgebürgert — to deprive of citizenship
emigrieren, emigrierte, ist emigriert — to emigrate

die Literatur /en	the literature
die Novelle /n	the short story
der Roman s/e	the novel
der Schriftsteller s/-	the writer
kritisieren, kritisierte, hat kritisiert	to criticise
die Aufrüstung	the (re)armament
das Gefängnis ses/se	the prison
verurteilen, verurteilte, hat verurteilt	to sentence, to convict
Er wurde zu Gefängnis verurteilt.	He was sentenced to imprisonment.
das Verbot (e)s/e	the ban, the prohibition
auf Verbot Hitlers	forbidden by Hitler
annehmen (nimmt an), nahm an, hat angenommen	to accept
Er durfte den Preis nicht annehmen.	He was not allowed to accept the prize.

18 Christa Reinig
Der unbekannte Planet

88
unbekannt → bekannt	unknown → known
der Planet en/en	the planet
auseinanderbiegen, bog auseinander, hat auseinandergebogen	to bend apart
der Zweig (e)s/e	the branch
die Lichtung /en	the clearing
die Gestalt /en	the figure
anstarren, starrte an, hat angestarrt	to stare at
das Zeichen s/-	the sign
der Frieden	the peace
Er macht das Zeichen des Friedens.	He makes the sign of peace.
gekrümmt	twisted
Er führte die gekrümmte Hand zum Mund.	He puts his twisted hand to his mouth.
spiegelbildlich	mirror-like
die Gebärde /n	the gesture
kratzen, kratzte, hat gekratzt	to scratch

die Brust	the chest
sich umdrehen, drehte um, hat umgedreht	to turn round
verschwinden, verschwand, ist verschwunden	to disappear
das Wesen s/-	the creature
zuhause	at home
Wo solch ein Wesen zuhause ist ...	Where such a creature is at home ...
das Auge s/n	the eye
ausgetrocknet	dried up
das Flußbett s	the river bed
prüfen, prüfte, hat geprüft	to test
die Zunge /n	the tongue
Er prüft den Sand mit der Zunge.	He tests the sand with his tongue.
aufgraben (gräbt auf), grub auf, hat aufgegraben	to dig up
der Boden s/ö	the ground
Er gräbt den Boden auf.	He digs up the ground.
füllen, füllte, hat gefüllt	to fill
der Kanister s/-	the canister
zurückgehen, ging zurück, ist zurückgegangen	to go back
hinaufklettern, kletterte hinauf, ist hinaufgeklettert	to climb up
die Leiter /n	the ladder
anheben, hob an, hat angehoben	to lift
Er hebt ihr den Kopf an.	He lifts up her head.
aufschlagen (schlägt auf), schlug auf, hat aufgeschlagen	to open
die Augen aufschlagen	to open o.'s eyes
übel	bad, evil
Nicht übel!	Not bad!
mild → streng	gentle → harsh
hell → dunkel	light → dark
aufkratzen, kratzte auf, hat aufgekratzt	to scratch up
fließen, floß, ist geflossen	to flow
bemerkenswert	remarkable
die Vegetation	the vegetation

der Besen s/-	the broom
der Fächer s/-	the fan
die Antenne /n	the aerial
manches	much, many
eßbar	eatable
Manches sieht eßbar aus.	Much of it looks eatable.
unbeschreiblich	indescribable
ausreichend	sufficient
der Sauerstoff s	oxygen
ausreichend Sauerstoff zum Atmen	sufficient oxygen to be able to breathe
schildern, schilderte, hat geschildert	to describe
zehnjährig	ten-year-old
behaart	hairy
langarmig	long-armed
scheu	shy
belustigend	funny
grauslich	hideous
begriffsstutzig	slow, dull-witted
auskommen, kam aus, ist ausgekommen	to get on with
Wir werden mit ihm auskommen müssen.	We will have to get on with him.
aufessen (ißt auf), aß auf, hat aufgegessen	to eat up
der Scherz es/e	the joke
halb im Scherz	half jokingly
die Waffe /n	the weapon
dran sein	to be in a position
Wir sind besser dran als er.	We are in a better position than him.
die Sorte /n	the species, the kind
verschollen	missing (leaving no trace)
inzwischen	in the meantime
mitbekommen, bekam mit, hat mitbekommen	to realise
starten, startete, ist gestartet	to start, to take off
treu	faithful
sie hat ausgedient	it has served its purpose
das Grab (e)s/ä-er	the grave

das Andenken s/-	the memory
zum Andenken an unser Schiff	in memory of our ship
das All s	the universe
kreisen, kreiste, ist gekreist	to circle
freikommen, kam frei, ist freigekommen	to get free

Friedrich Dürrenmatt
Die Physiker

89
der Physiker s/-	the physicist
der Untergang s	the downfall, destruction
die Menschheit	the human race
solche (r, s)	such a
die Welt /en	the world
anrichten, richtete an, hat angerichtet	to do
besitzen, besaß, hat besessen	to have, to own
ermöglichen, ermöglichte, hat ermöglicht	to render possible
die Einsicht /en	the insight
unterordnen, ordnete unter, hat untergeordnet	to subordinate to
Dieser Einsicht habe ich mein Handeln untergeordnet.	I acted with this in mind.
winken, winkte, hat gewinkt	to wave, to beckon
der Ruhm (e)s	the fame
Auf der Universität winkte Ruhm.	Fame lay in store at university.
die Industrie /n	the industry
die Arbeit /en	the work, *here:* the paper, the [treatise
veröffentlichen, veröffentlichte, hat veröffentlicht	to publish
Ich hätte meine Arbeiten veröffentlichen müssen.	I would have had to publish my papers.
der Umsturz es/ü-e	the upheave
zusammenbrechen (bricht zusammen), brach zusammen, ist zusammengebrochen	to break down
das Zusammenbrechen	the breakdown
wirtschaftlich	economic

das Gefüge s/e	the system, the structure
das wirtschaftliche Gefüge	the economic system
die Folge /n	the result
die Verantwortung	the responsibility
aufzwingen, zwang auf, hat aufgezwungen	to force s.th. upon s. o.
Die Verantwortung zwang mir einen anderen Weg auf.	The responsibility forced me to take another course.
fahrenlassen (läßt fahren), ließ fahren, hat fahrengelassen	to give up
akademisch	academic
die Karriere /n	the career
Ich ließ meine akademische Karriere fahren.	I gave up my academic career.
überlassen (überläßt), überließ, hat überlassen	to leave (to)
das Schicksal (e)s/e	the fate
Ich überließ meine Familie ihrem Schicksal.	I left my family to their fate.
wählen, wählte, hat gewählt	to choose
die Narrenkappe /n	the fool's cap
vorgeben (gibt vor), gab vor, hat vorgegeben	to pretend
erscheinen, erschien, ist erschienen	to appear
Ich gab vor, Salomo erscheine mir.	I pretended that Solomon appeared to me.
das Irrenhaus es/äu-er	the lunatic asylum
Man sperrte mich in ein Irrenhaus.	I was locked up in a lunatic asylum.
die Vernunft	the reason
das Erkennbare n	the recognizable things
erfaßbar	understandable
die Grundbeziehung /en	the basic relationship
unbegreiflich	incomprehensible
die Erscheinung /en	the phenomenon
der Rest (e)s/e	the rest
das Geheimnis ses/se	the secret
der Verstand (e)s	the understanding
unzugänglich	inaccessible
dem Verstande unzugänglich	beyond understanding